Impressum
Verlag: BABADADA GmbH, Nedderfeld 112 , 22529 Hamburg
Geschäftsführer / Verlagsleitung: Harald Hof
Druck: Books on Demand GmbH, In de Tarpen 42, 22848 Norderstedt

Imprint
Publisher: BABADADA GmbH, Nedderfeld 112 , 22529 Hamburg, Germany
Managing Director / Publishing direction: Harald Hof
Print: Books on Demand GmbH, In de Tarpen 42, 22848 Norderstedt, Germany

школа

مدرسه

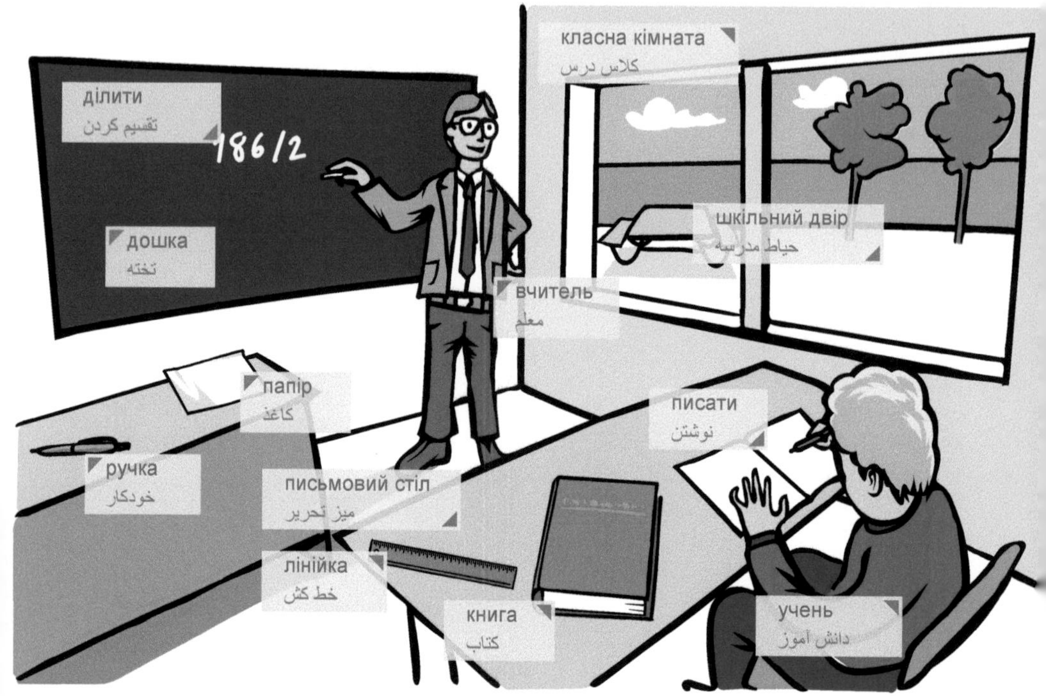

класна кімната
کلاس درس
ділити
تقسیم کردن
186/2
шкільний двір
حیاط مدرسه
дошка
تخته
вчитель
معلم
папір
کاغذ
писати
نوشتن
ручка
خودکار
письмовий стіл
میز تحریر
лінійка
خط کش
книга
کتاب
учень
دانش آموز

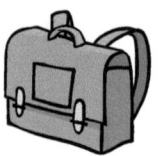

ранець

کیف مدرسه

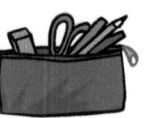

пенал

جامدادی

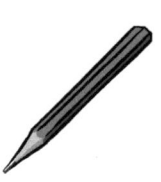

олівець

مداد

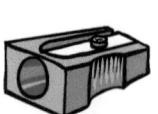

точило

تراش

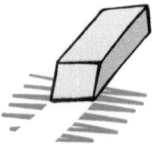

гумка

پاک کن

альбом для малювання

دفتر رسم

малюнок

طراحی

пензель

قلم مو

коробка фарб

جعبه ی آبرنگ

ножиці

قیچی

клей

چسب

зошит

کتاب تمرین

домашнє завдання

تکلیف خانه

12

число

رقم

2+2

додавати

جمع کردن

5-2

віднімати

تفریق کردن

2×2

множити

ضرب کردن

рахувати

محاسبه کردن

A

літера

حرف الفبا

ABCDEFG HIJKLMN OPQRSTU VWXYZ

абетка

الفبا

hello

слово

کلمه

текст

متن

читати

خواندن

крейда

گچ

година

درس

класний журнал

ثبت نام

екзамен

امتحان

диплом

مدرک رسمی

шкільна форма

لباس مدرسه

освіта

تحصیلات

лексикон

دانشنامه

університет

دانشگاه

мікроскоп

میکروسکوپ

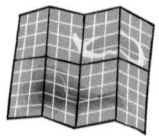

карта

نقشه

кошик для паперу

سبد کاغذ باطله

подорож
سفر

готель
هتل
Grand
турбаза
مسافرخانه
ROOMS
обмінний пункт
صرافی
валіза
چمدان
автомобіль
اتومبیل

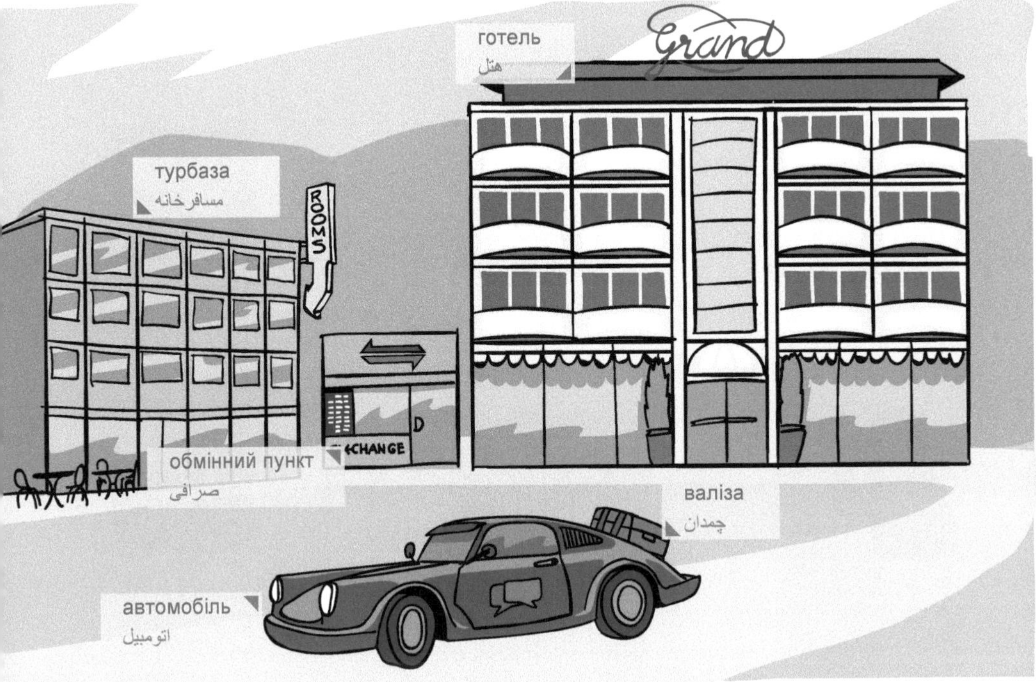

мова
زبان

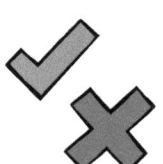

так / ні
بله / خیر

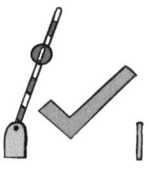

добре
اکی

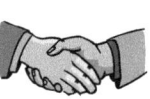

привіт
سلام

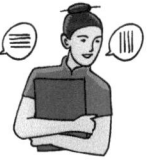

перекладач
مترجم

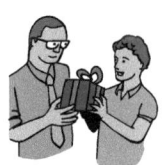

дякую
ممنون

Скільки коштує ...?

قیمت ... چه قدر است؟

Я не розумію

من متوجه نمی شوم

проблема

مشکل

Добрий вечір!

عصر بخیر! / شب بخیر!

Доброго ранку!

صبح بخیر!

На добраніч!

شب بخیر!

До побачення

خداحافظ

напрямок

جهت

багаж

بار سفر

сумка

کیف

рюкзак

کوله پشتی

гість

مهمان

кімната

اتاق

спальний мішок

کیسه خواب

намет

خیمه

туристична інформація

مرکز راهنمای گردشگران

пляж

ساحل

кредитна картка

کارت اعتباری

сніданок

صبحانه

обід

ناهار

вечеря

شام

квиток

بلیط

ліфт

آسانسور

поштова марка

مهر

межа

مرز

митниця

گمرک

посольство

سفارتخانه

віза

ویزا

паспорт

گذرنامه

корабель
كشتى

літак
هواپيما

пожежна машина
ماشين آتش نشانى

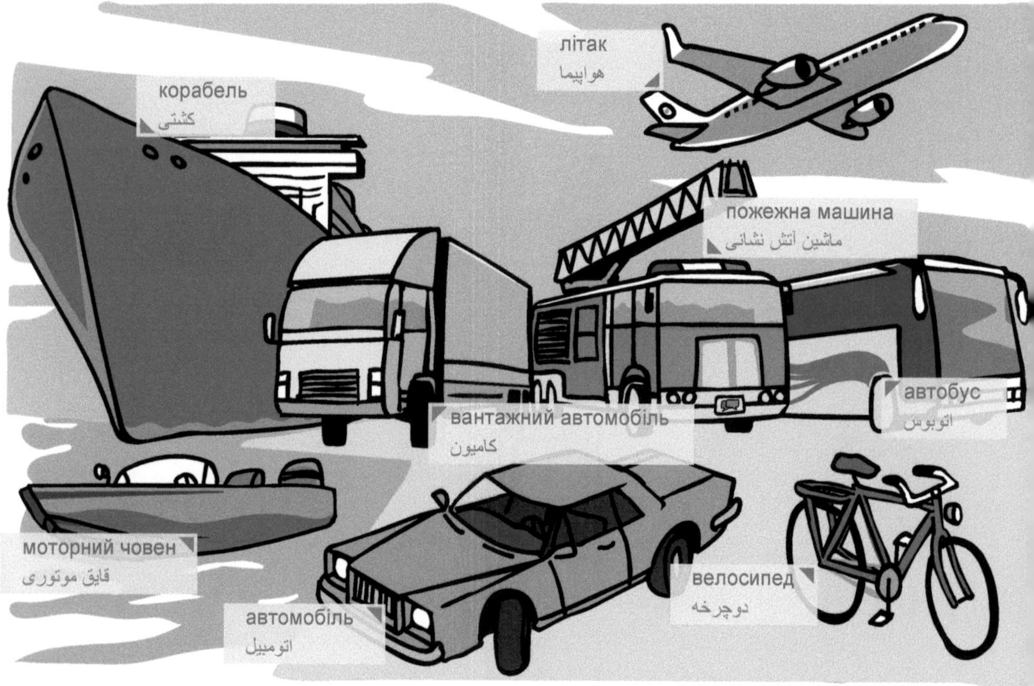

автобус
اتوبوس

вантажний автомобіль
كاميون

моторний човен
قايق موتورى

велосипед
دوچرخه

автомобіль
اتومبيل

пором

كشتى مسافربرى

човен

قايق

мотоцикл

موتورسيكلت

поліцейська машина

ماشين پليس

гоночний автомобіль

ماشين مسابقه

автомобіль на прокат

ماشين كرايه اى

спільне користування авто

به اشتراک گذاری اتوموبیل

евакуатор

جرثقیل

сміттєвоз

ماشین حمل زباله

двигун

موتور

паливо

بنزین

автозаправна станція

پمپ بنزین

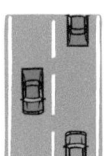

дорожній знак

تابلو راهنمایی و رانندگی

рух

عبور و مرور

затор

ترافیک

стоянка

پارکینگ

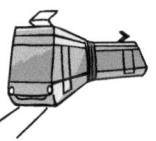

вокзал

ایستگاه قطار

рейки

ریل راه آهن

потяг

قطار

трамвай

قطار برقی

вагон

واگن

гелікоптер

هليکوپتر

аеропорт

فرودگاه

вежа

برج

пасажир

مسافر

контейнер

کانتینر

коробка

کارتن

візок

گاری

кошик

سبد

стартувати / приземлятися

به پرواز درآمدن / فرود آمدن

МІСТО

شهر

село

دهکده

центр міста

مرکز شهر

дім

خانه

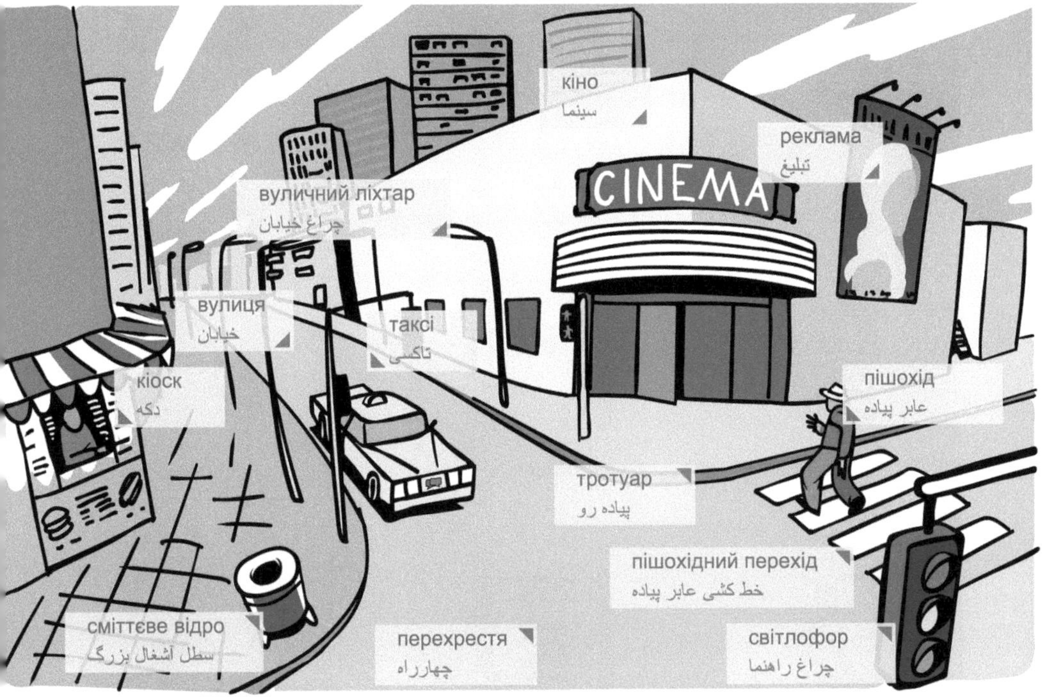

кіно
سینما

реклама
تبلیغ

вуличний ліхтар
چراغ خیابان

CINEMA

вулиця
خیابان

таксі
تاکسی

кіоск
دکه

пішохід
عابر پیاده

тротуар
پیاده رو

пішохідний перехід
خط کشی عابر پیاده

сміттєве відро
سطل آشغال بزرگ

перехрестя
چهارراه

світлофор
چراغ راهنما

хатина
....
کلبه

квартира
....
آپارتمان

вокзал
....
ایستگاه قطار

ратуша
....
ساختمان شهرداری

музей
....
موزه

школа
....
مدرسه

університет

دانشگاه

банк

بانک

лікарня

بیمارستان

готель

هتل

аптека

داروخانه

офіс

اداره

книжковий магазин

کتابفروشی

магазин

مغازه

квітковий магазин

گل فروشی

супермаркет

سوپرمارکت

ринок

بازار

універмаг

فروشگاه بزرگ

торговець рибою

ماهی فروش

торговельний центр

مرکز خرید

гавань

بندر

парк

پارک

лава

نیمکت

міст

پل

сходи

پله

метро

مترو

тунель

تونل

автобусна зупинка

ایستگاه اتوبوس

бар

میخانه

ресторан

رستوران

поштова скринька

صندوق پست

вулична табличка

تابلوی خیابان

лічильник паркування

دستگاه پارکومتر

зоопарк

باغ وحش

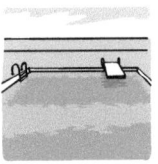

басейн

استخر شنای عمومی

мечеть

مسجد

ферма

مزرعه

забруднення навколишнього середовища

آلودگی محیط زیست

кладовище

قبرستان

церква

کلیسا

дитячий майданчик

زمین بازی

храм

معبد

ландшафт

چشم انداز

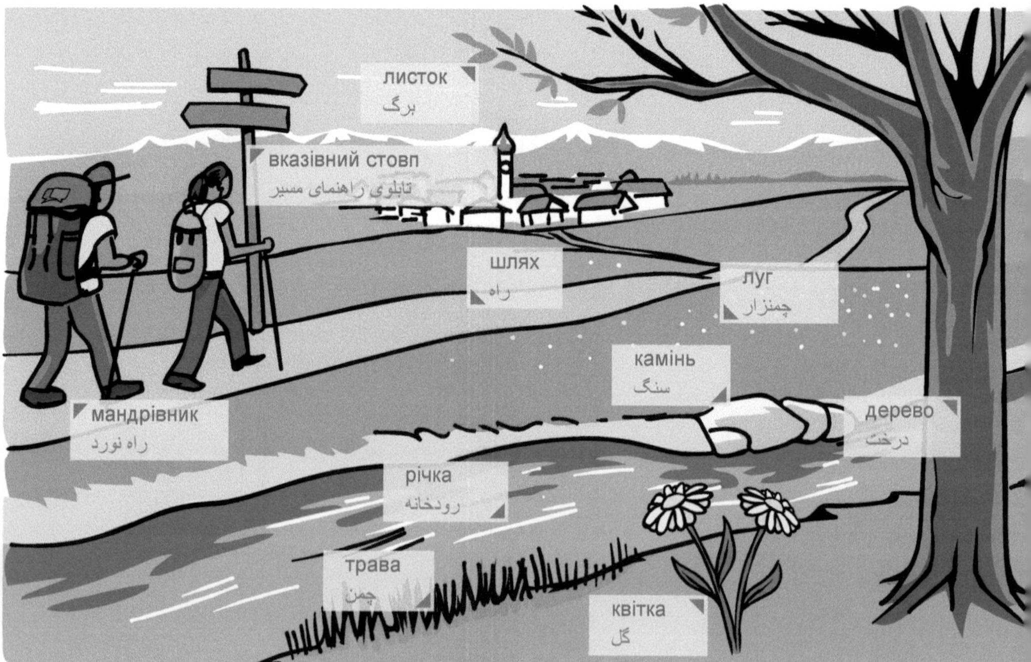

листок
برگ

вказівний стовп
تابلوی راهنمای مسیر

шлях
راه

луг
چمنزار

камінь
سنگ

мандрівник
راه نورد

дерево
درخت

річка
رودخانه

трава
چمن

квітка
گل

долина

دره

гора

تپه

озеро

دریاچه

ліс

جنگل

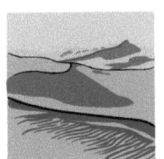

пустеля

بیابان

вулкан

کوه آتشفشان

замок

قلعه

веселка

رنگین کمان

гриб

قارچ

пальма

درخت نخل

комар

پشه

муха

مگس

мурашка

مورچه

бджола

زنبور

павук

عنکبوت

жук

سوسک

жаба

قورباغه

вивірка

سنجاب

їжак

جوجه تيغى

заєць

خرگوش صحرايى

сова

جغد

птах

پرنده

лебідь

قو

кабан

گراز

олень

گوزن نر

лось

گوزن شمالى

гребля

سد آب

вітряк

توربين بادى

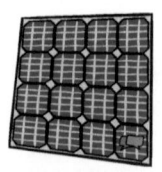

сонячний модуль

صفحه ى خورشيدى

клімат

آب و هوا

ресторан

رستوران

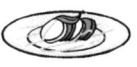

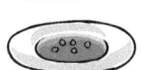

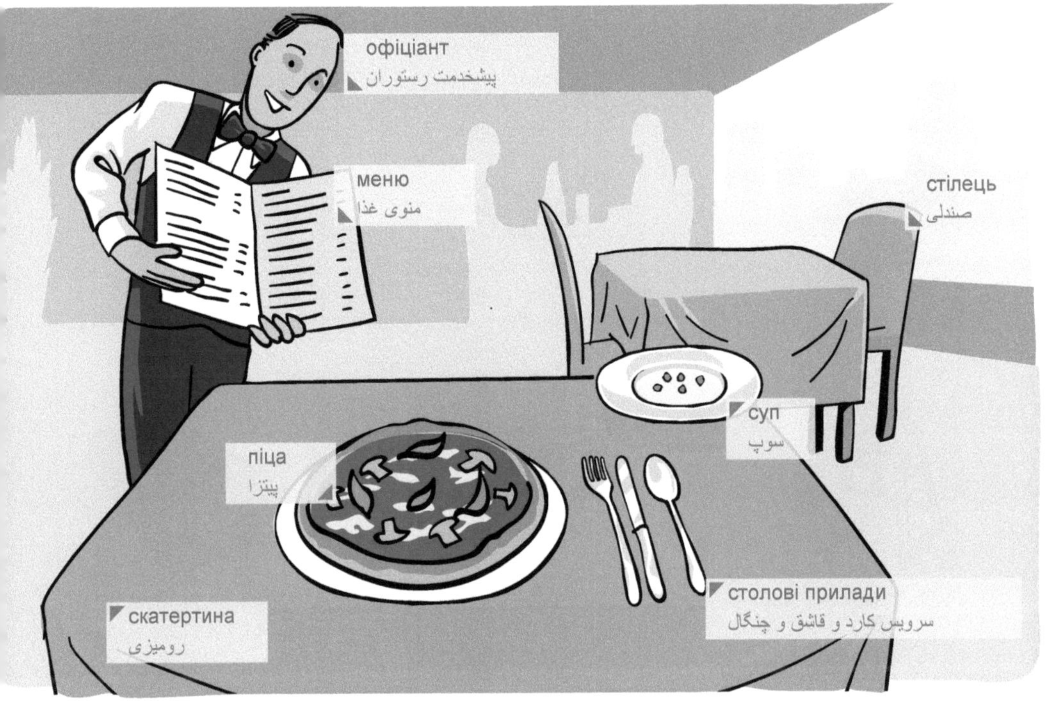

офіціант
پیشخدمت رستوران
меню
منوی غذا
стілець
صندلی
суп
سوپ
піца
پیتزا
столові прилади
سرویس کارد و قاشق و چنگال
скатертина
رومیزی

закуска

پیش‌غذا

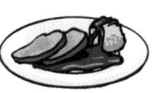

друга страва

غذای اصلی

десерт

دسر

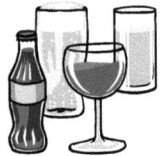

напої

نوشیدنی ها

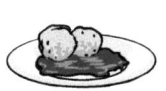

їжа

غذا

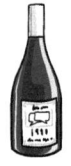

пляшка

بطری

фаст-фуд

فست فود

вулична їжа

اغذیه خیابانی

чайник

قوری

цукорниця

قندان

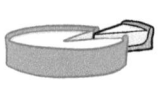

порція

پُرس غذا

еспресо-машина

دستگاه اسپرسو

високий стільчик

صندلی پایه بلند غذاخوری بچه

рахунок

صورتحساب

піднос

سینی

ніж

چاقو

вилка

چنگال

ложка

قاشق

чайна ложка

قاشق چایخوری

серветка

دستمال سفره

склянка

لیوان

ресторан - رستوران

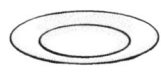

тарілка

بشقاب

тарілка для супу

بشقاب سوپخوری

блюдце

نعلبکی

соус

سس

солонка

نمکدان

млин для перцю

فلفل ساب

оцет

سرکه

масло

روغن خوراکی

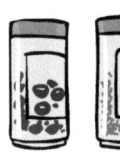

спеції

ادویه جات

кетчуп

سس کچاپ

гірчиця

سس خردل

майонез

سس مایونز

супермаркет

سوپرمارکت

пропозиція
پیشنهاد ویژه
FOR
клієнт
مشتری
молочні продукти
لبنیات
фрукти
میوه جات
візок для покупок
چرخ دستی خرید

BUTCHERS

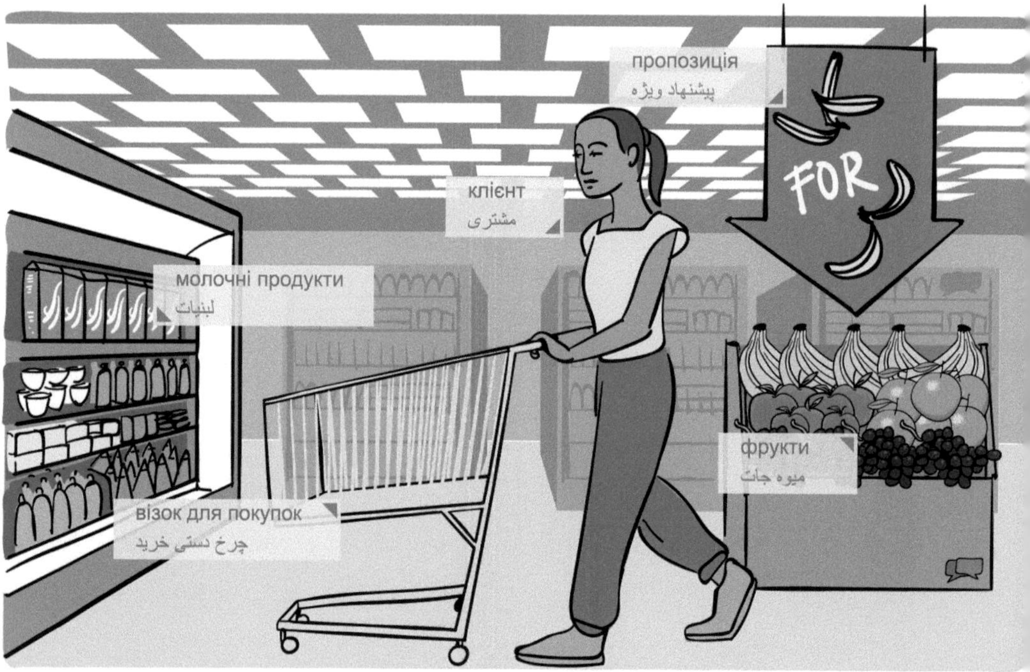

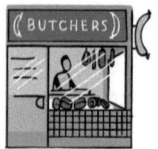

м'ясний магазин

قصابی

BAKERY

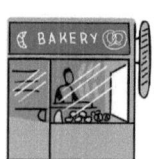

пекарня

نانوایی

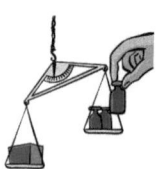

зважувати

وزن کردن

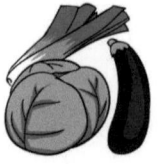

овочі

سبزیجات

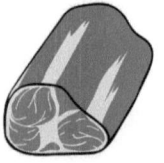

м'ясо

گوشت

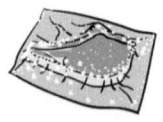

заморожені продукти

غذای منجمد

ковбасна нарізка

مخلوطی از انواع کالباس یا پنیر که ورقه ای بریده شده باشند

консерви

غذای کنسروی

пральний порошок

پودر لباسشویی

солодощі

شیرینی جات

предмети домашнього побуту

لوازم خانگی

мийний засіб

ماده شوینده و پاک کننده

продавщиця

فروشنده

каса

صندوق پرداخت

касир

صندوقدار

список покупок

لیست خرید

часи роботи

ساعات کار

гаманець

کیف پول

кредитна картка

کارت اعتباری

сумка

کیف

поліетиленовий пакет

کیسه ی پلاستیکی

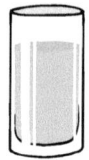

вода

آب

сік

آبمیوه

молоко

شیر

кола

نوشابه کوکاکولا

вино

شراب

пиво

آبجو

алкоголь

الکل

какао

کاکائو

чай

چای

кава

قهوه

еспресо

قهوه اسپرسو

капучіно

کاپوچینو

банан

موز

яблуко

سیب

апельсин

پرتقال

кавун

انواع هندوانه و خربزه

лимон

لیمو

морква

هویج

часник

سیر

бамбук

نی بامبو

цибуля

پیاز

гриб

قارچ

горішки

آجیل

локшина

ماکارونی

спагеті

اسپاگتی

рис

برنج

салат

سالاد

картопля фрі

سیب زمینی سرخ کرده

смажена картопля

سیب زمینی سرخ شده

піца

پیتزا

гамбургер

همبرگر

бутерброд

ساندویچ

шніцель

شنیتسل

шинка

ژامبون خوک

салямі

سالامی

ковбаса

سوسیس

курка

مرغ

печеня

نوعی گوشت سرخ شده

риба

ماهی

вівсяні пластівці

جوی پرک شده

мюслі

نوعی صبحانه مخلوطی از برگه ذرت و میوه های خشک شده و خشکبار که معمولا با شیر خورده می شود

кукурудзяні пластівці

کورن‌فلکس

борошно

آرد

круасан

کرواسان

булочка

نان بروتشن

хліб

نان

тостовий хліб

نان تست

печиво

بیسکویت

масло

کره

сир

کشک

пиріг

کیک

яйце

تخم مرغ

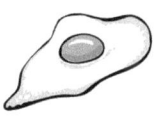

яєчня

تخم مرغ نیمرو

сир

پنیر

морозиво

بستنی

цукор

شکر

мед

عسل

мармелад

مربا

нуга-крем

کرم شکلاتی بادامی

кapi

ادویه کاری

ферма
مزرعه

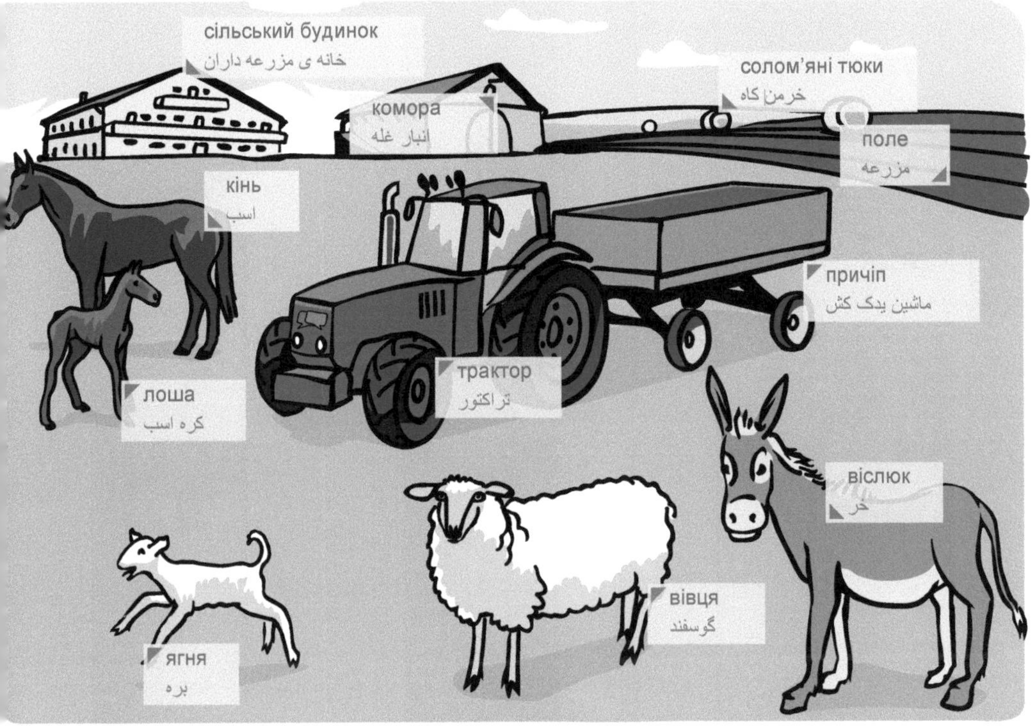
сільський будинок
خانه ی مزرعه داران
солом'яні тюки
خرمن کاه
комора
انبار غله
поле
مزرعه
кінь
اسب
причіп
ماشین یدک کش
трактор
تراکتور
лоша
کره اسب
віслюк
خر
вівця
گوسفند
ягня
بره

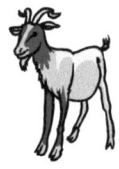

коза

بز

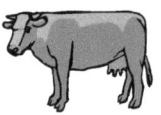

корова

گاو ماده

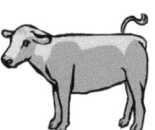

теля

گوساله

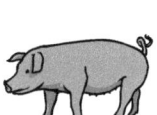

свиня

خوک

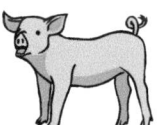

порося

بچه خوک

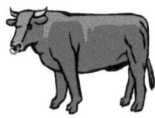

бик

گاو نر

гусак

غاز

качка

اردک

курча

جوجه

курка

مرغ

півень

خروس

щур

موش صحرایی

кіт

گربه

миша

موش

віл

گاو نر اخته

собака

سگ

собача будка

لانه ی سگ

садовий шланг

شلنگ باغبانی

лійка

آبپاش

коса

داس دسته بلند

плуг

گاوآهن

ферма - مزرعه

серп

داس

мотика

کج بیل

вила

چنگک باغبانی

сокира

تبر

тачка

فرقون

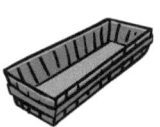

корито

آبشخور

бідон молока

بطری نگهداری شیر

мішок

کیسه

паркан

حصار

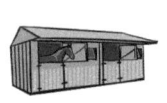

хлів

اصطبل

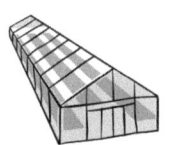

теплиця

گلخانه

ґрунт

خاک

насіння

بذر

добриво

کود

комбайн

ماشین کمباین

пожинати

برداشت کردن محصول

урожай

محصول

корінь ямсу

تميس

пшениця

گندم

соя

سويا

картопля

سیب زمینی

кукурудза

ذرت

ріпак

کلزا

плодове дерево

درخت میوه

маніок

گیاه مانیوک

злаки

غلات

димохід
دودکش

дах
پشت بام

водостічний лоток
ناودان

вікно
پنجره

гараж
گاراژ

дзвінок
زنگ در

двері
در

відро для сміття
سطل آشغال

поштова скринька
صندوق مراسلات

сад
باغ

вітальня

اتاق نشیمن

ванна кімната

حمام

кухня

آشپزخانه

спальня

اتاق خواب

дитяча кімната

اتاق بچه

їдальня

ناهارخوری

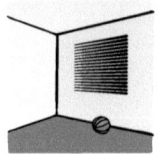

підлога

كف زمين

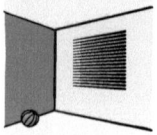

стіна

ديوار

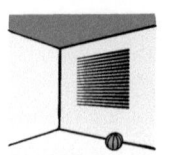

стеля

سقف

підвал

زيرزمين

сауна

سونا

балкон

بالكن

тераса

تراس

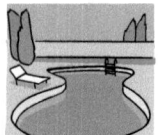

басейн

استخر

косарка

ماشين چمنزنى

простирало

ملافه

ковдра

روتختى

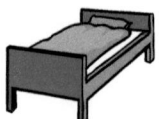

ліжко

تخت خواب

мітла

جارو

відро

سطل

перемикач

سويچ يا كليد

вітальня
اتاق نشیمن

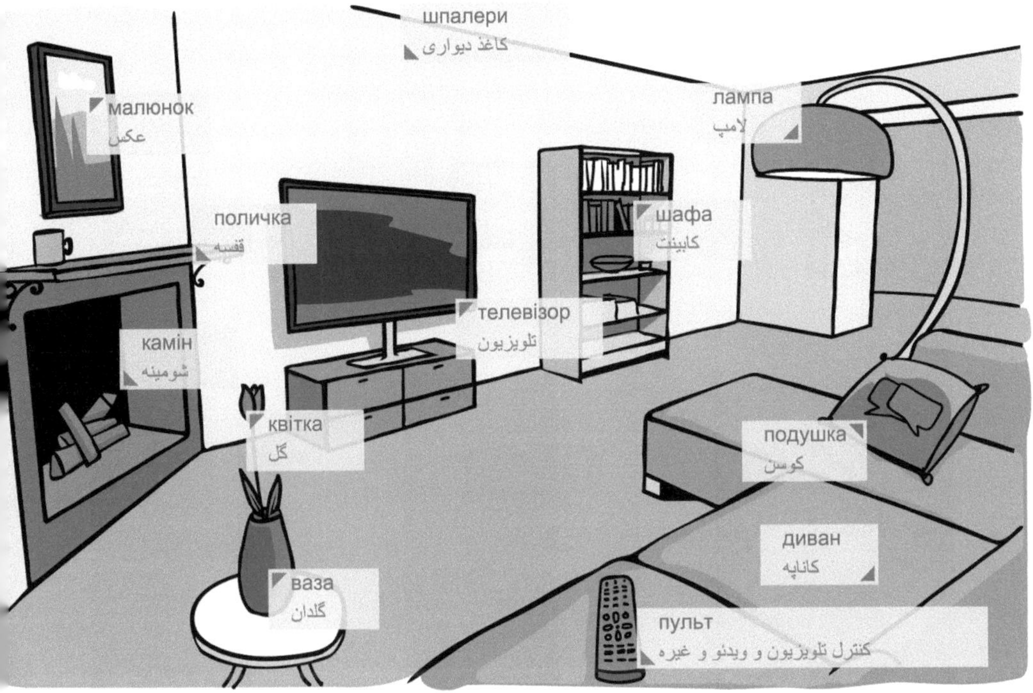
шпалери
کاغذ دیواری
малюнок
عکس
лампа
لامپ
поличка
قفسه
шафа
کابینت
телевізор
تلویزیون
камін
شومینه
квітка
گل
подушка
کوسن
диван
کاناپه
ваза
گلدان
пульт
کنترل تلویزیون و ویدئو و غیره

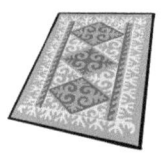

килим

فرش

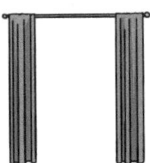

завіса

پرده

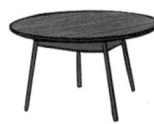

стіл

میز

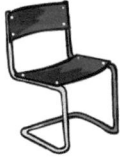

стілець

صندلی

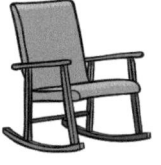

крісло-гойдалка

صندلی گهواره ایی

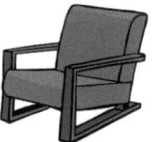

крісло

صندلی راحتی

книга

كتاب

ковдра

لحاف

прикраса

دكوراسيون

дрова

هيزم

фільм

فيلم

стереосистема

دستگاه ضبط صوت

ключ

كليد

газета

روزنامه

картина

تابلو نقاشى

плакат

پوستر

радіо

راديو

блокнот

دفترچه يادداشت

пилосос

جاروبرقى

кактус

كاكتوس

свічка

شمع

кухня
آشپزخانه

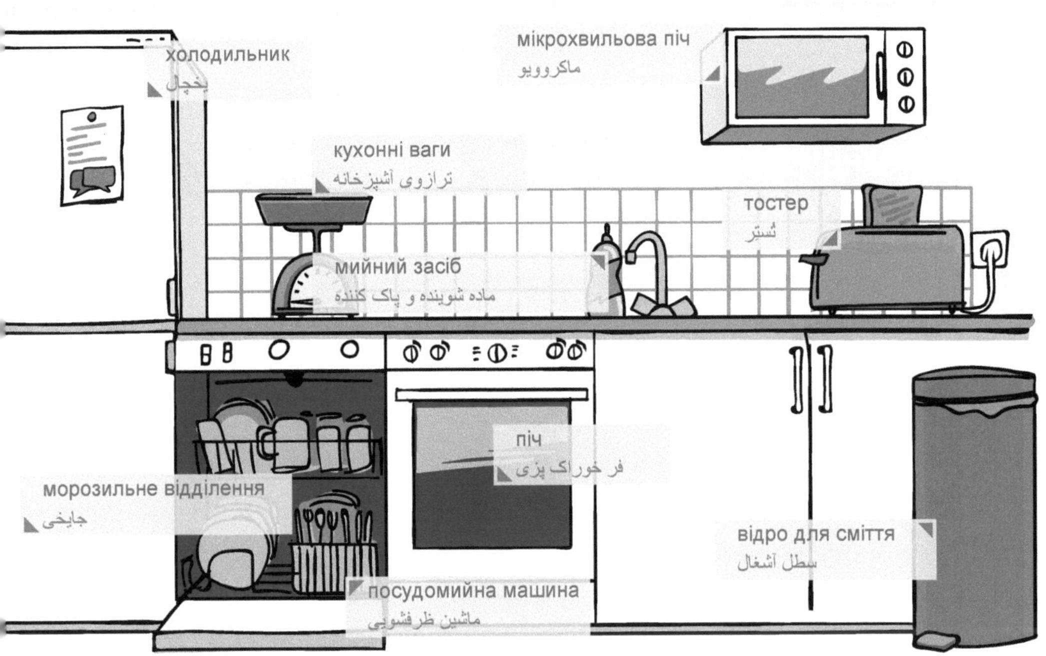

холодильник
یخچال
мікрохвильова піч
ماکروویو
кухонні ваги
ترازوی آشپزخانه
тостер
تُستر
мийний засіб
ماده شوینده و پاک کننده
піч
فر خوراک پزی
морозильне відділення
جایخی
відро для сміття
سطل آشغال
посудомийна машина
ماشین ظرفشویی

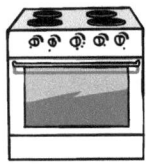

плита
....
اجاق گاز

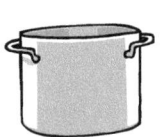

горщик
....
قابلمه

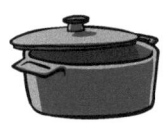

чавунний горщик
....
قابلمه چدنی

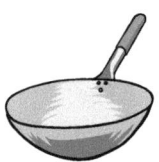

вок / кадай
....
ماهی تابه گود

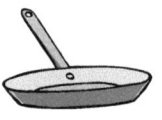

сковорода
....
ماهی تابه

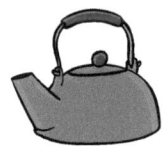

чайник
....
کتری

пароварка

بخارپز

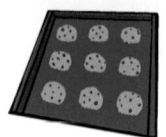

лист

سینی فر

посуд

ظرف چینی آشپزخانه

кухоль

لیوان

чаша

کاسه

палички для їжі

چاپستیک

черпак

ملاقه

лопатка

کفگیر

вінчик для збивання

همزن

сито

آبکش

сито

آبکش

терка

رنده

ступка

هاون

барбекю

باربیکیو

багаття

محل مخصوص افروختن آتش

дошка

تخته گوشت و سبزی

качалка

وردنه

штопор

در بطری بازکن

конзерва

قوطی

відкривачка

در قوطی بازکن

прихватки

دستگیره پارچه ای

раковина

سینک ظرفشویی

щітка

برس گردگیری

губка

اسفنج

міксер

مخلوط کن

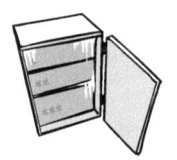

морозильна камера

فریزر

дитяча пляшка

شیشه شیر بچه

кран

شیر آب

ванна кімната

حمام

опалення
بخاری
рушник
حوله
душ
دوش
душова завіса
پرده ی حمام
пініста ванна
حمام کف
ванна
وان حمام
склянка
لیوان
пральна машина
ماشین لباسشویی
кран
شیر آب
плитка
کاشی
горшок
لگن دستشویی کودکان
раковина
سینک ظرفشویی

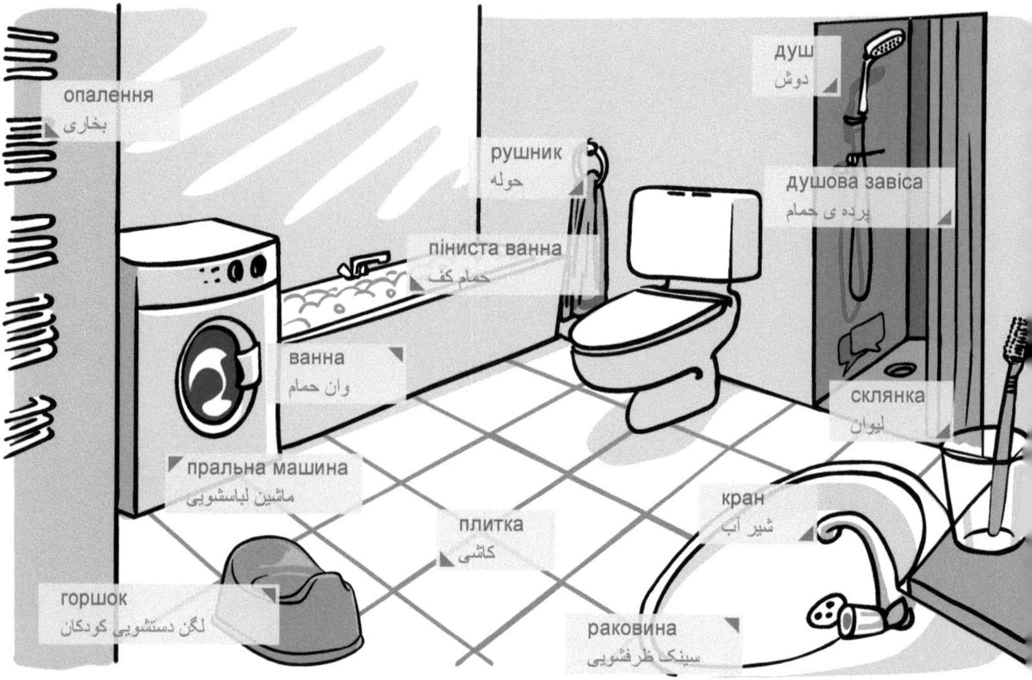

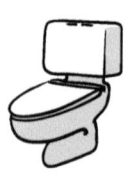

туалет

توالت

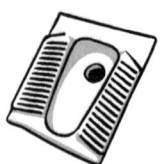

підлоговий туалет

توالت ایرانی

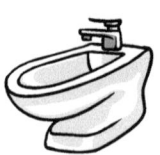

біде

کاسه توالت

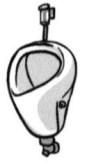

пісуар

توالت مخصوص آقایان

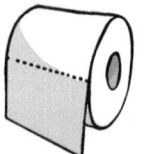

туалетний папір

دستمال توالت

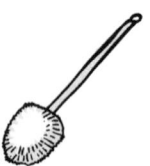

щітка для туалету

فرچه توالت

зубна щітка

مسواك

зубна паста

خمیردندان

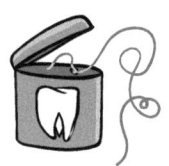

нитка для чищення зубів

نخ دندان

мити

شُستن

ручний душ

دوش آب تلفنی

інтимний душ

شلنگ توالت

таз

لگن روشویی

щітка для спини

برس شُست و شوی پشت

мило

صابون

гель для душу

شامپو بدن

шампунь

شامپو

мочалка

لیف حمام

водостік

راه آب

крем

کرم

дезодорант

اسپری دئودورانت

дзеркало

آیینه

косметичне дзеркало

آیینه ی کوچک دستی

бритва

تیغ ریش تراشی

піна для гоління

کف ریش‌تراشی

лосьйон після гоління

آفترشیو

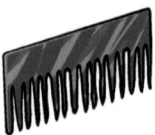

гребінь

شانه ی سر

щітка

برس

фен

سشوار

лак для волосся

اسپری مو

косметика

آرایش

губна помада

رژلب

лак для нігтів

لاک ناخن

вата

پنبه

ножиці для нігтів

قیچی ناخن

парфум

عطر

косметичка

کیف لوازم آرایشی و بهداشتی

табурет

چهارپایه

ваги

ترازو

халат

حوله ی پالتویی

гумові рукавички

دستکش ظرفشویی

тампон

تامپون

гігієнічні прокладки

نوار بهداشتی

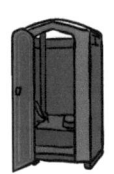

біотуалет

توالت سیار

дитяча кімната

اتاق بچه

будильник
ساعت زنگدار
м'яка іграшка
نوعي عروسک نرم به شکل حیوانات
іграшковий автомобіль
ماشین اسباب بازی
брязкальце
جغجغه
ляльковий будиночок
خانه ی عروسکی
подарунок
کادو

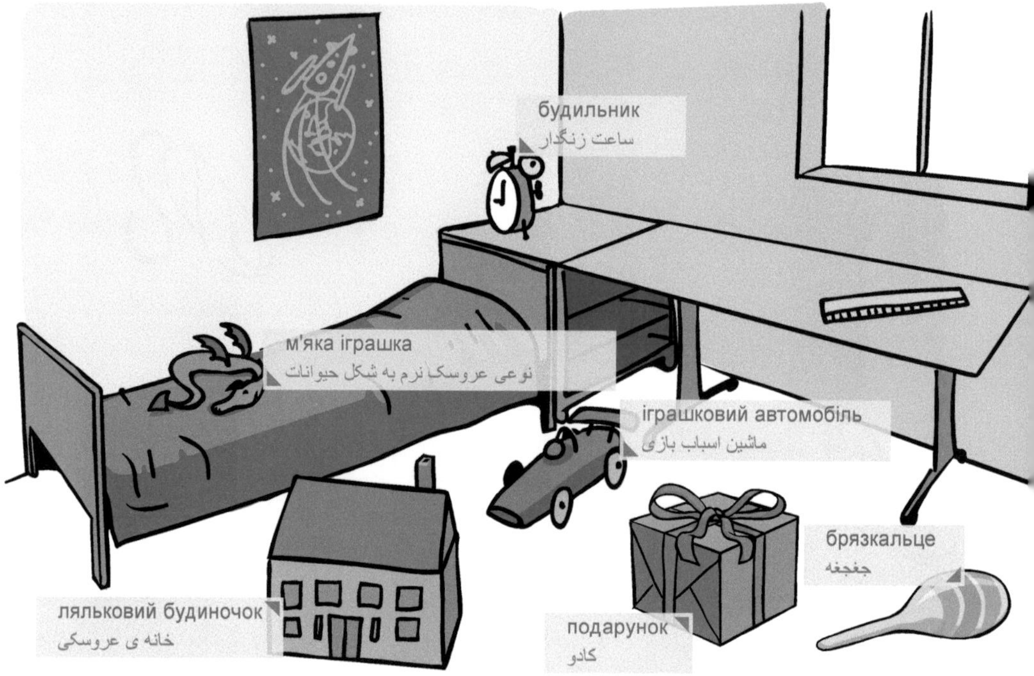

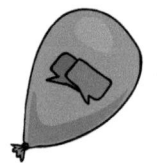

повітряна кулька

....

بادکنک

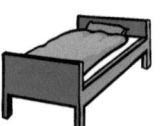

ліжко

....

تخت خواب

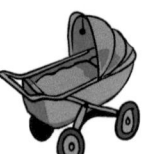

дитячий візок

....

کالسکه بچه

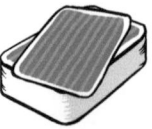

картярська гра

....

بازی ورق

пазл

....

پازل

SUPER MEGA

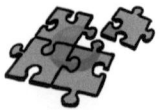

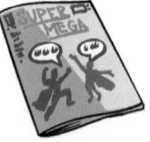

комікс

....

داستان مصور

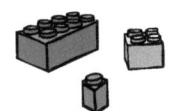

лего цеглинки

اسباب بازی لگو

блоки

خانه سازی

іграшкова фігурка

عروسک شخصیت های فیلم و کارتون

повзунки

لباس نوزاد

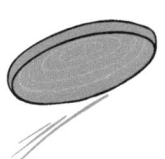

фризбі

فریزبی

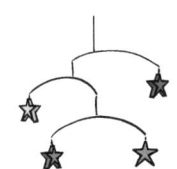

мобіле

نوعی اسباب بازی که روی تخت نوزاد یا کودک نصب می شود

настільна гра

بازی روی صفحه

кубик

تاس

модель залізнична станція

قطار اسباب بازی

соска

پستانک

вечірка

مهمانی

книжка з картинками

کتاب مصور

м'яч

توپ

лялька

عروسک

грати

بازی کردن

пісочниця

جعبه شنی مخصوص بازی کودکان

гойдалка

تاب

іграшка

اسباب بازی

гральна консоль

کنسول بازی های کامپیوتری

триколісний велосипед

سه چرخه

плюшевий мішка

خرس عروسکی

шафа

کمد لباس

ОДЯГ

لباس

шкарпетки

جوراب

панчохи

جوراب زنانه ساق بلند

колготки

جوراب شلواری

шарф
شال

парасоля
چتر

ремінь
کمربند

футболка
تی شرت

чоботи
پوتین

домашнє взуття
دمپایی

кросівки
کفش ورزشی کتانی

сандалі
صندل

взуття
کفش

гумові чоботи
چکمه پلاستیکی

труси
شرت

бюстгальтер
سوتین

нижня сорочка
جلیقه

боді

پادی

штани

شلوار

джинси

جین

спідниця

دامن

блузка

بلوز

сорочка

پیراهن

пуловер

پولیور

светр

سویی شرت

піджак

نوعی کت

куртка

ژاکت

пальто

کت بلند

дощовик

بارانی

костюм

لباس نمایش

сукня

لباس

весільна сукня

لباس عروس

костюм

کت و شلوار

нічна сорочка

لباس خواب زنانه

піжама

پیژامه

сарі

ساری

головна хустка

روسری

чалма

عمامه

бурка

برقع

кафтан

قبا

абая

عبا

купальник

لباس شنا

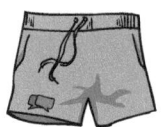

плавки

شرت شنا

шорти

شلوارک

тренувальний костюм

لباس ورزشی

фартух

پیشبند

рукавички

دستکش

гудзик

دکمه

окуляри

عینک

браслет

دستبند

ланцюг

گردنبند

кільце

انگشتر

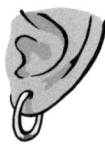

сережка

گوشواره

шапка

کلاه لبه دار

плічка

چوب لباسی

капелюх

کلاه

краватка

کراوات

застібка-блискавка

زیپ

шолом

کلاه ایمنی

підтяжки

بند شلوار

шкільна форма

لباس مدرسه

уніформа

لباس فرم

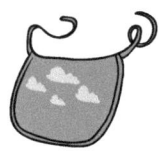

нагрудник

پیش بند بچه

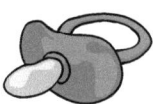

соска

پستانک

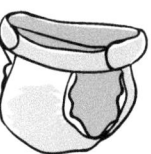

підгузок

پوشک بچه

офіс

اداره

сервер
سرور
шаф для документів
کمد نگهداری پرونده
принтер
چاپگر
папір
کاغذ
монітор
مانیتور
миша
ماوس
письмовий стіл
میز تحریر
папка
زونکن
синтезатор
صفحه کلید
кошик для паперу
سبد کاغذ باطله
комп'ютер
کامپیوتر
стілець
صندلی

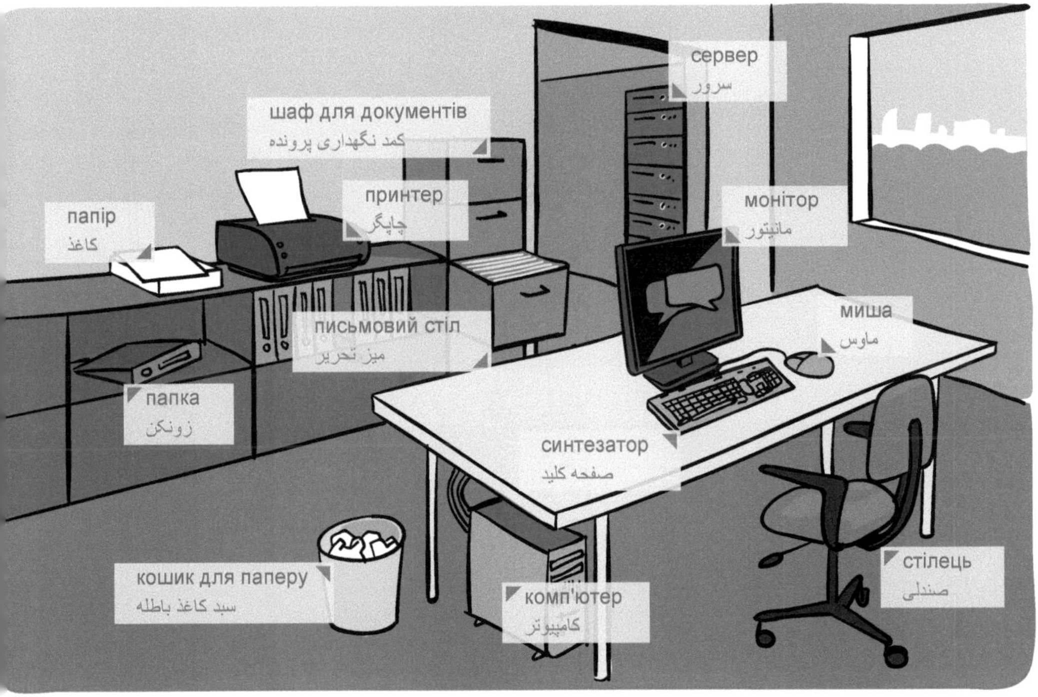

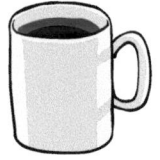

кавовий кухоль

لیوان قهوه

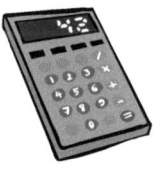

калькулятор

ماشین حساب

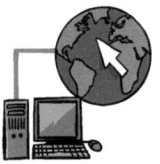

інтернет

اینترنت

ноутбук
....
لپ تاپ

лист
....
نامه

повідомлення
....
پیغام

мобільний телефон
....
تلفن همراه

мережа
....
شبکه ی ارتباطی

копіювальний пристрій
....
دستگاه فتوکپی

програмне забезпечення
....
نرم افزار

телефон
....
تلفن

розетка
....
پریز

факс
....
دستگاه فاکس

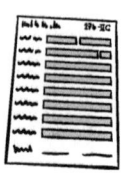

бланк
....
فرم

документ
....
مدرک

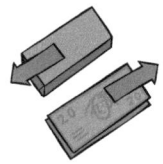

купувати

خریدن

платити

پرداخت کردن

торгувати

تجارت کردن

гроші

پول

долар

دلار

євро

یورو

ієна

ین

рубль

روبل

франк

فرانک سوئیس

юанів женьміньбі

یوان رنمینبی

рупія

روپیه

банкомат

دستگاه خودپرداز

обмінний пункт

صرافی

золото

طلا

срібло

نقره

нафта

نفت

енергія

انرژی

ціна

قیمت

контракт

قرارداد

податок

مالیات

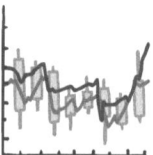

акція

سهام سرمایه

працювати

کار کردن

працівник

کارمند

роботодавець

کارفرما

фабрика

کارخانه

магазин

مغازه

професії
مشاغل

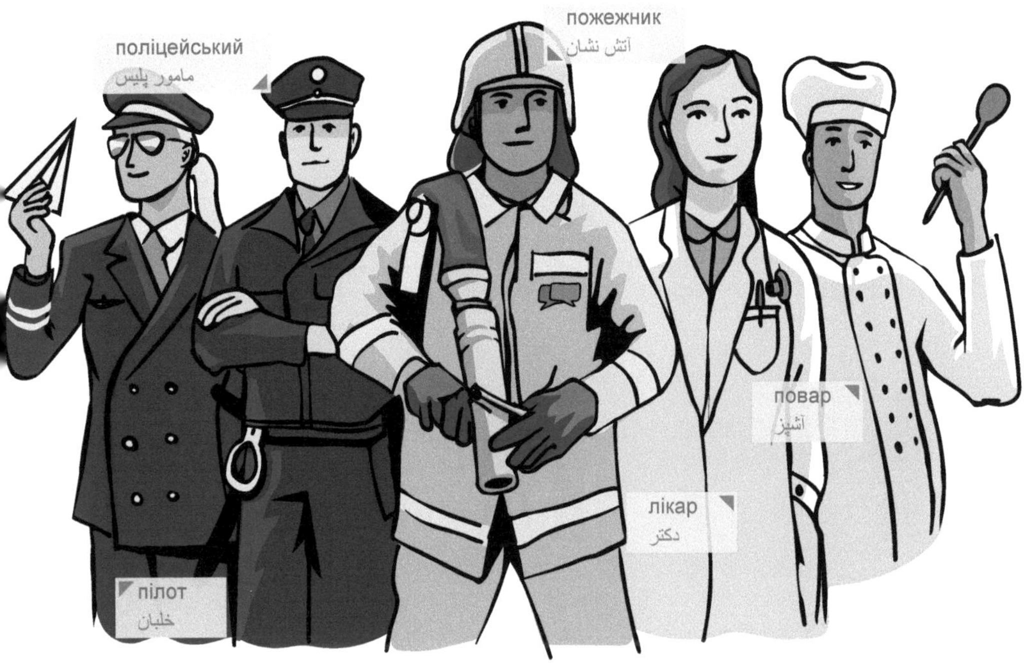

поліцейський
مامور پلیس
пожежник
آتش نشان
повар
آشپز
лікар
دکتر
пілот
خلبان

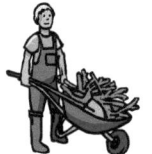

садівник

باغبان

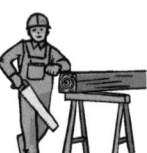

столяр

نجار

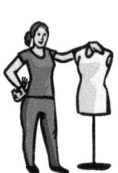

швачка

خیاط زنانه

суддя

قاضی

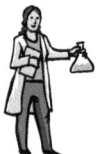

хімік

شیمیدان

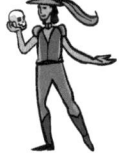

актор

بازیگر

водій автобуса

راننده اتوبوس

таксист

راننده تاکسی

рибалка

ماهیگیر

прибиральниця

نظافتچی زن

покрівельник

سقف ساز

офіціант

پیشخدمت رستوران

мисливець

شکارچی

художник

نقاش

пекар

نانوا

електрик

برقکار

будівельник

کارگر ساختمانی

інженер

مهندس

забійник

قصاب

бляхар

لوله کش

листоноша

پستچی

солдат

سرباز

архітектор

معمار

касир

صندوقدار

флорист

گل فروش

перукар

آرایشگر

кондуктор

مامور کنترل بلیط در قطار

механік

مکانیک

капітан

ناخدا

дантист

دندانپزشک

вчений

دانشمند

рабин

عالم یهودی

імам

امام

монах

راهب

пастор

کشیش

інструменти
ابزارآلات

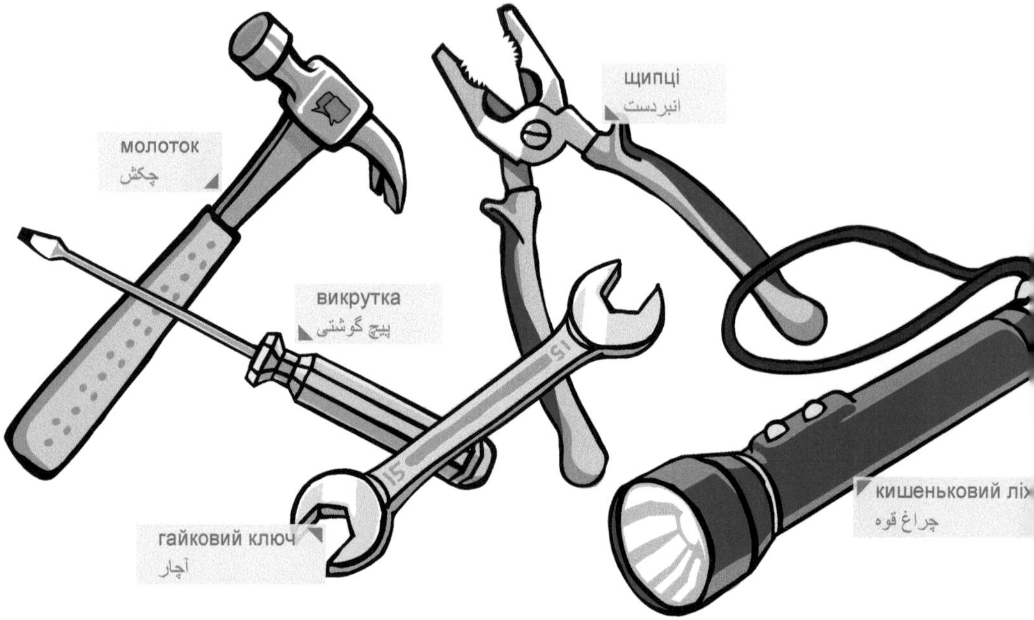
молоток
چکش
щипці
انبردست
викрутка
پیچ گوشتی
гайковий ключ
آچار
кишеньковий лі
چراغ قوه

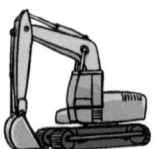

екскаватор

....

بیل مکانیکی

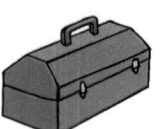

ящик для інструментів

....

جعبه ابزار

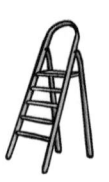

драбина

....

نردبان

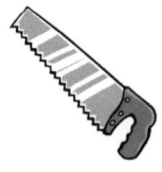

пилка

....

ارّه

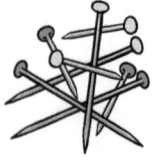

цвяхи

....

میخ

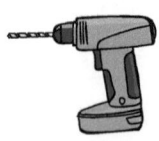

свердло

....

مته

ремонтувати

تعمیر کردن

лопата

بیل

лайно!

لعنتی!

совок

خاک انداز

відро з фарбою

سطل رنگرزی

гвинти

پیچ

музичні інструменти

آلات موسیقی

динамік
بلندگو

ударна установка
درامز

гітара
گیتار

контрабас
کنترباس

труба
ترومپت

фортепіано

پیانو

скрипка

ویولن

бас

گیتار بیس

литаври

تیمپانی

барабан

طبل

клавіатура

کیبورد الکتریک

саксофон

ساکسیفون

флейта

فلوت

мікрофон

میکروفون

зоопарк

باغ وحش

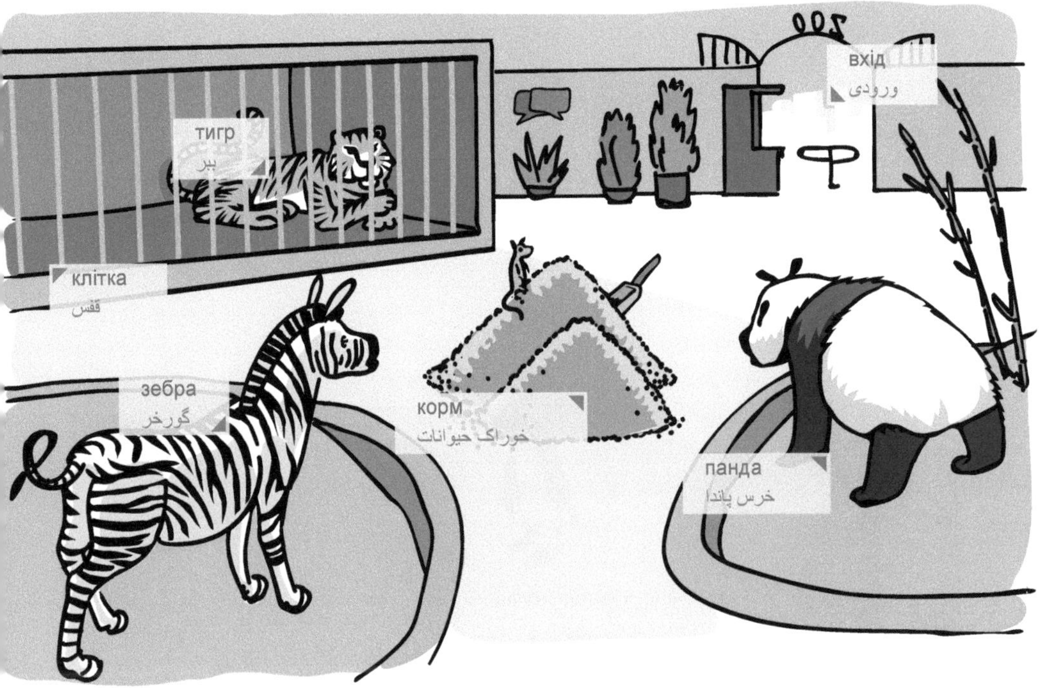

zoo
вхід
ورودی
тигр
ببر
клітка
قفس
зебра
گورخر
корм
خوراک حیوانات
панда
خرس پاندا

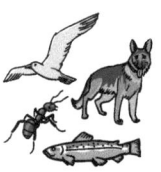

тварини

حیوانات

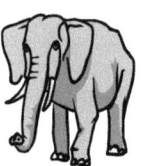

слон

فیل

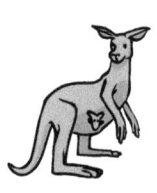

кенгуру

کانگورو

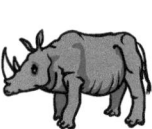

носоріг

کرگدن

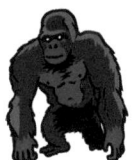

горила

گوریل

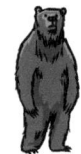

ведмідь

خرس

верблюд

شتر

страус

شترمرغ

лев

شیر

мавпа

میمون

фламінго

فلامینگو

папуга

طوطی

білий ведмідь

خرس قطبی

пінгвін

پنگوئن

акула

کوسه

павич

طاووس

змія

مار

крокодил

تمساح

працівник зоопарку

نگهبان باغ وحش

тюлень

خوک آبی

ягуар

پلنگ امریکایی

поні

اسب کوچک

леопард

پلنگ

гіпопотам

اسب آبی

жираф

زرافه

орел

عقاب

кабан

گراز

риба

ماهی

черепаха

لاک پشت

морж

شیرماهی

лисиця

روباه

газель

غزال

американський футбол
فوتبال آمریکایی

їзда на велосипеді
دوچرخه سواری

теніс
تنیس

баскетбол
بسکتبال

плавання
شنا

бокс
بوکس

хокей
هاکی روی یخ

футбол
فوتبال

бадмінтон
بدمینتون

легка атлетика
دوومیدانی

гандбол
هندبال

лижні перегони
اسکی

поло
پولو

дії

فعالیت ها

стрибати
پریدن
обіймати
بغل کردن
сміятися
خندیدن
йти
راه رفتن
співати
آواز خواندن
мріяти
رؤیا دیدن
молитися
دعا کردن
цілувати
بوسیدن

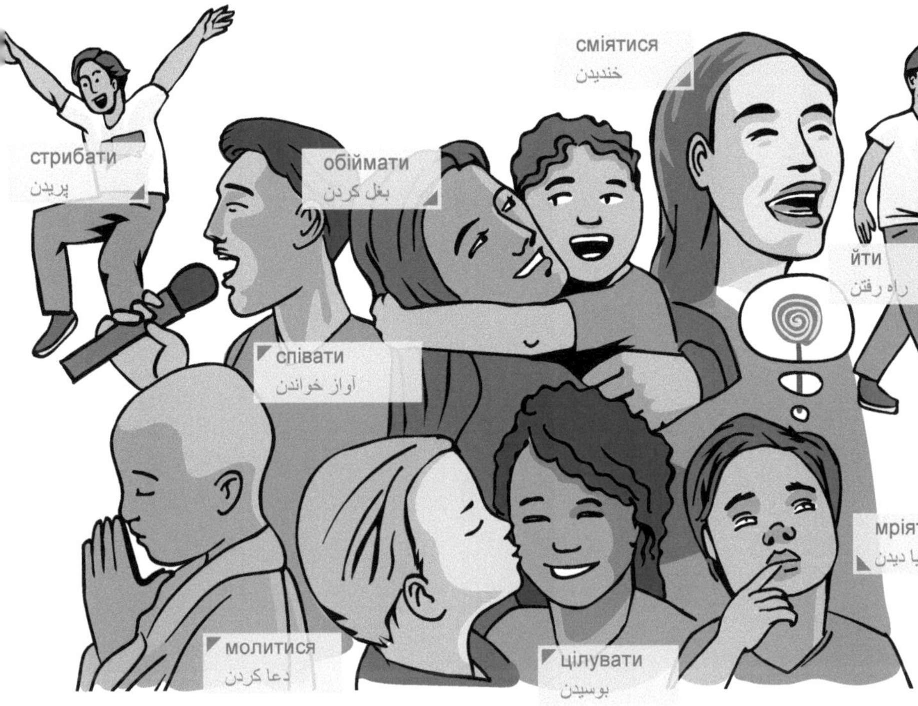

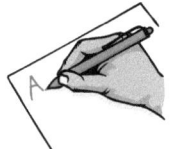

писати

نوشتن

малювати

رسم کردن

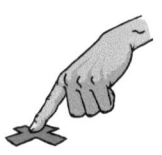

показувати

نشان دادن

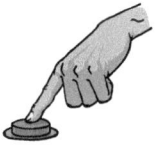

тиснути

هل دادن

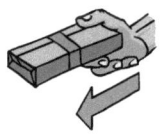

давати

دادن

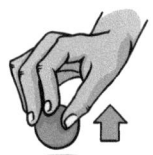

брати

برداشتن

мати

داشتن

робити

انجام دادن

бути

بودن

стояти

ايستادن

бігати

دويدن

тягнути

كشيدن

кидати

پرتاب كردن

падати

افتادن

лежати

دراز كشيدن

очікувати

منتظر بودن

носити

حمل كردن

сидіти

نشستن

одягати

لباس پوشيدن

спати

خوابيدن

просипатися

بيدار شدن

дивитися

تماشا کردن

плакати

گریه کردن

гладити

نوازش کردن

розчісувати

شانه کردن

розмовляти

حرف زدن

розуміти

فهمیدن

питати

پرسیدن

слухати

شنیدن

пити

آشامیدن

їсти

خوردن

прибирати

مرتب کردن

любити

عاشق بودن

варити

پختن

їхати

رانندگی کردن

літати

پرواز کردن

йти під вітрилом

قایقرانی کردن

рахувати

محاسبه کردن

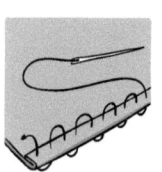

читати

خواندن

вчитися

یاد گرفتن

працювати

کار کردن

одружуватися

ازدواج کردن

шити

دوختن

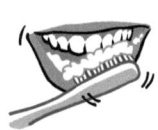

чистити зуби

مسواک زدن

убивати

کشتن

курити

سیگار کشیدن

посилати

فرستادن

сім'я

خانواده

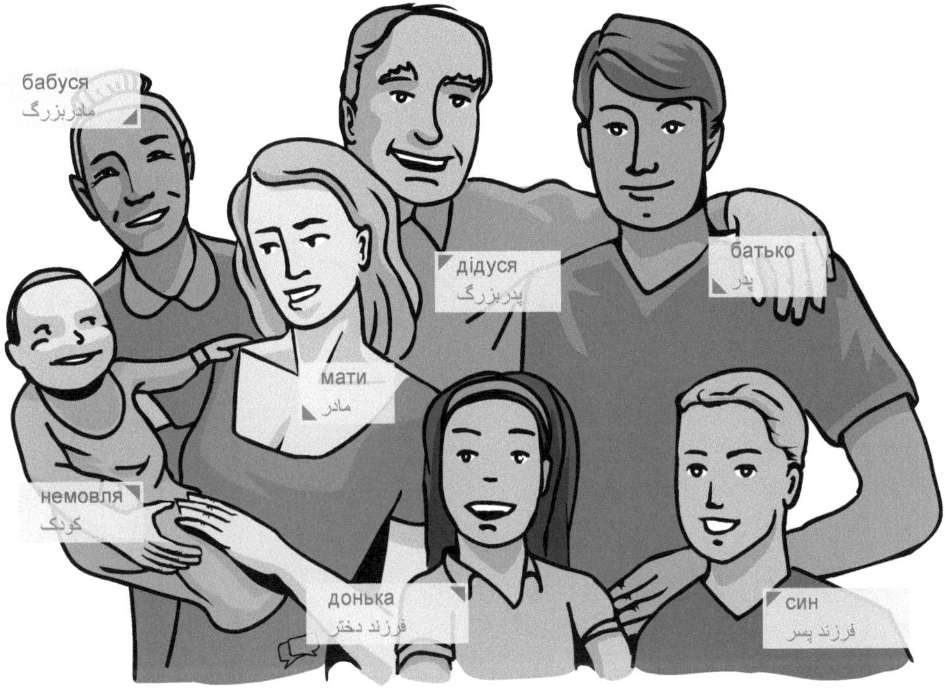

бабуся
مادربزرگ
дідуся
پدربزرگ
батько
پدر
мати
مادر
немовля
کودک
донька
فرزند دختر
син
فرزند پسر

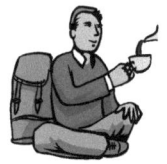

гість

مهمان

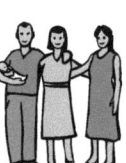

тітка

خاله، عمه

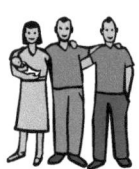

дядько

دایی، عمو

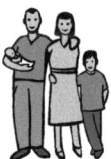

брат

برادر

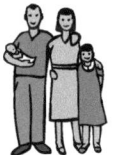

сестра

خواهر

тіло

بدن

чоло
پیشانی
око
چشم
плече
شانه
палець
انگشت دست
обличчя
صورت
підборіддя
چانه
кисть
دست
нога
ساق پا
груди
سینه
рука
بازو

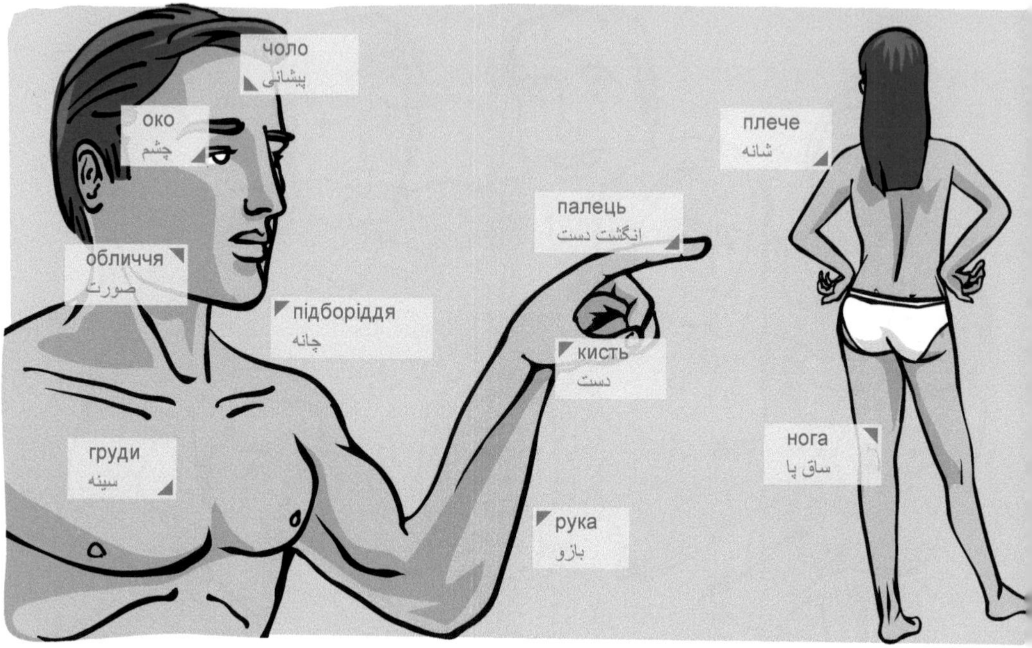

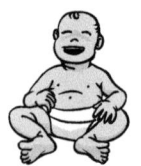

немовля
کودک

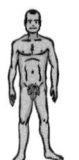

чоловік
مرد

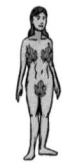

жінка
زن

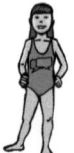

дівчина
دختربچه

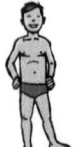

хлопчик
پسربچه

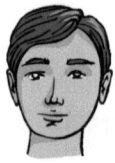

голова
کله

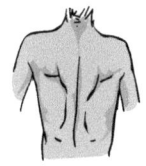

спина

کمر

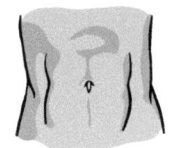

живіт

شکم

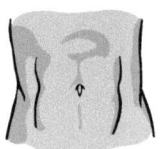

пуп

ناف

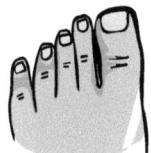

палець ноги

انگشت پا

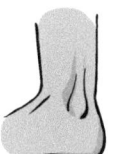

п'ята

پاشنه

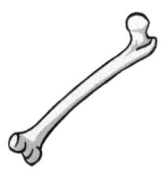

кістка

استخوان

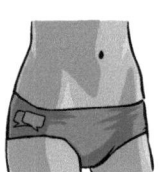

стегно

لگن

коліно

زانو

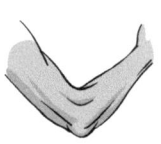

лікоть

آرنج

ніс

بینی

сідниці

نشیمنگاه

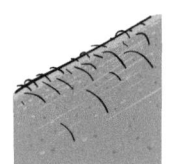

шкіра

پوست

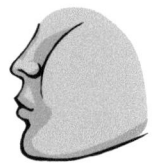

щока

گونه

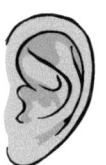

вухо

گوش

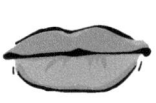

губа

لب

тіло - بدن

69

рот

دهان

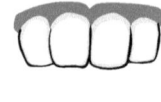

зуб

دندان

язик

زبان

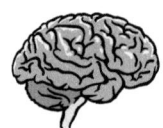

мозок

مغز

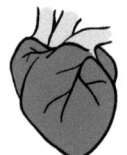

серце

قلب

м'яз

عضله

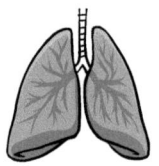

легені

ریه

печінка

کبد

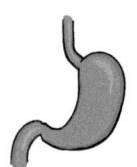

шлунок

معده

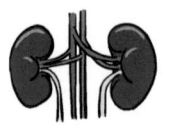

нирки

کلیه

статевий акт

آمیزش جنسی

презерватив

کاندوم

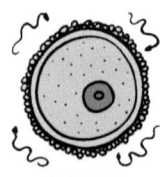

яйцеклітина

تخمک

сперма

اسپرم

вагітність

حاملگی

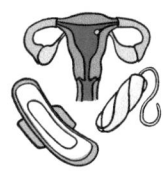

менструація

پریود

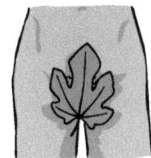

вагіна

واژن

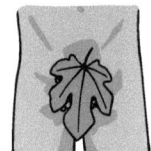

пеніс

آلت تناسلی مرد

брова

ابرو

волосся

مو

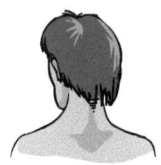

шия

گردن

лікарня

بیمارستان

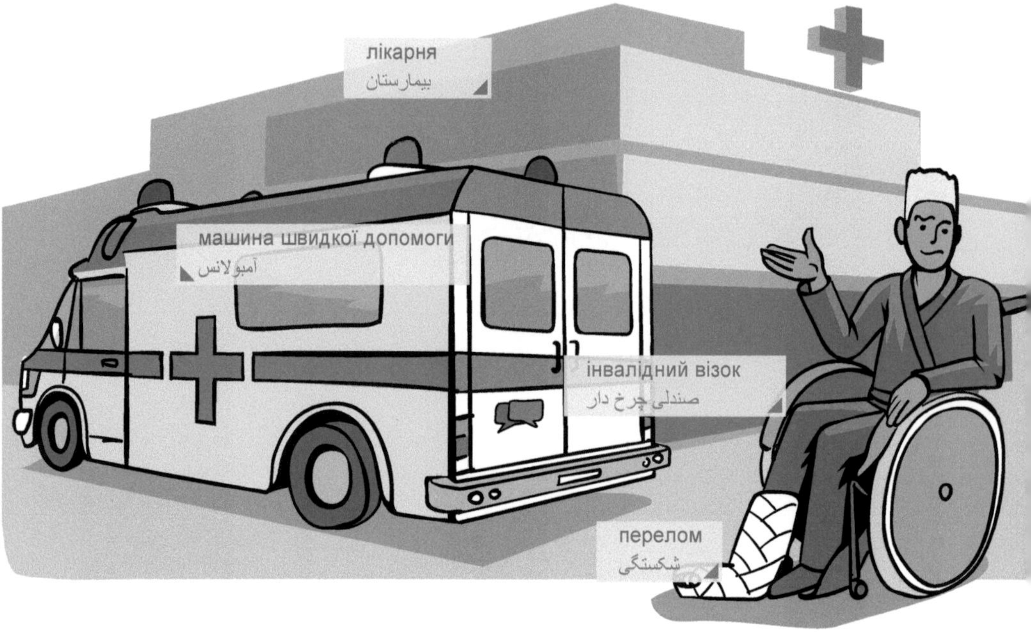

лікарня
بیمارستان
машина швидкої допомоги
آمبولانس
інвалідний візок
صندلی چرخ دار
перелом
شکستگی

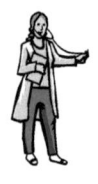

лікар

دکتر

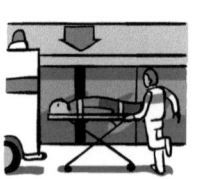

відділення швидкої медичної допомоги

بخش اورژانس

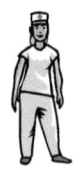

медсестра

پرستار

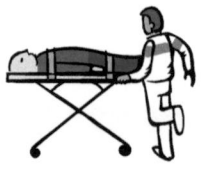

аварійний випадок

موقعیت اضطراری

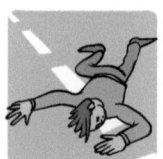

непритомний

بی هوش

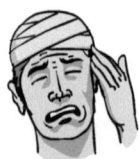

біль

درد

травма

مصدومیت

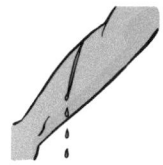

кровотеча

خونریزی

інфаркт

سکته قلبی

інсульт

سکته مغزی

алергія

آلرژی

кашель

سرفه

лихоманка

تب

грип

آنفولانزا

пронос

اسهال

головна біль

سردرد

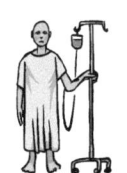

рак

سرطان

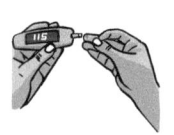

діабет

دیابت

хірург

جراح

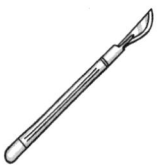

скальпель

چاقوی جراحی

операція

عمل جراحی

КТ

سی تی اسکن

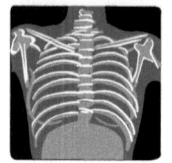

рентген

پرتونگاری

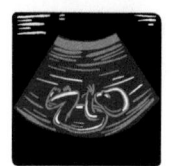

ультразвук

سونوگرافی

маска

ماسک صورت

хвороба

بیماری

зал очікування

اتاق انتظار

милиця

چوب زیر بغل

пластир

چسب زخم

пов'язка

پانسمان

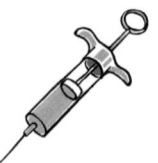

ін'єкція

تزریق

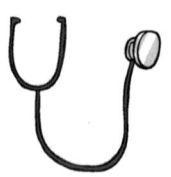

стетоскоп

گوشی طبی

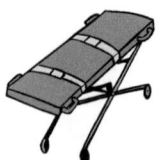

ноші

برانکار

термометр

دماسنج

народження

زایش

надмірна вага

اضافه وزن

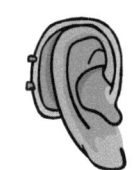

слуховий апарат

سمعک

дезінфікуючий засіб

ماده ضد غفونی کننده

інфекція

عفونت

вірус

ویروس

ВІЛ / СНІД

اچ آی وی / ایدز

медицина

دارو

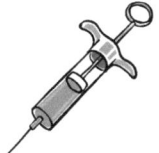

вакцинація

واکسیناسیون

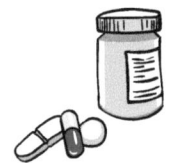

таблетки

قرص

протизаплідна пігулка

قرص ضد حاملگی

екстрений виклик

تماس اظطراری

тонометр

دستگاه اندازه گیری فشارخون

хворий / здоровий

مریض / سالم

сигнал тривоги

آژیر خطر

напад

حمله

Допоможіть!

کمک!

атака

حمله ی فیزیکی

небезпека

خطر

аварійний вихід

خروج اظطراری

Вогонь!

آتش

вогнегасник

کپسول آتش نشانی

аварія

تصادف

аптечка

جعبه کمک های اولیه

СОС

درخواست کمک

поліція

پلیس

Європа

اروپا

Північна Америка

آمریکای شمالی

Південна Америка

آمریکای جنوبی

Африка

آفریقا

Азія

آسیا

Австралія

استرالیا

Атлантика

اقیا نوس اطلس

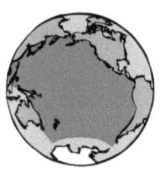

Тихий океан

اقیانوس آرام

Індійський океан

اقیانوس هند

Антарктичний океан

اقیا نوس اطلس جنوبی

Північний Льодовитий океан

اقیانوس منجمد شمالی

Північний полюс

قطب شمال

Південний полюс

قطب جنوب

Антарктика

قاره قطب جنوب

Земля

کره زمین

суша

سرزمین

море

دریا

острів

جزیره

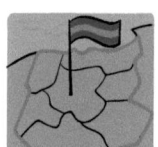

нація

ملت

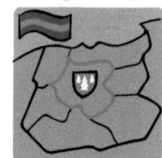

держава

کشور

циферблат

صفحه ی ساعت

годинникова стрілка

ساعت شمار

хвилинна стрілка

دقیقه شمار

секундна стрілка

ثانیه شمار

Котра година?

ساعت چند است؟

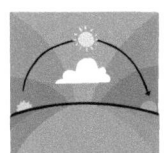

день

روز

час

زمان

зараз

اکنون

цифровий годинник

ساعت دیجیتال

хвилина

دقیقه

година

ساعت

ТИЖДЕНЬ

هفته

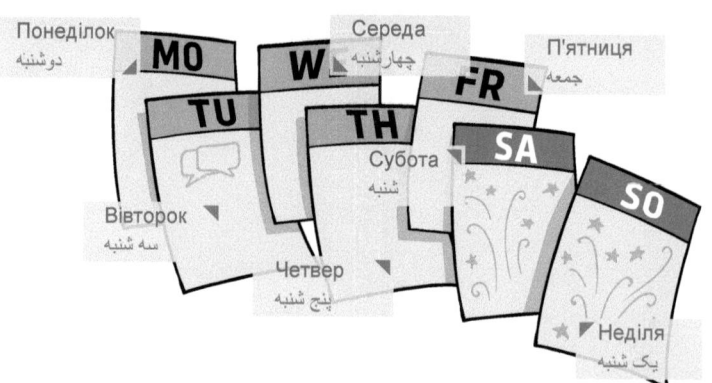

Понеділок
دوشنبه

Середа
چهارشنبه

П'ятниця
جمعه

Вівторок
سه شنبه

Четвер
پنج شنبه

Субота
شنبه

Неділя
یک شنبه

вчора

دیروز

сьогодні

امروز

завтра

فردا

ранок

صبح

опівдні

ظهر

вечір

غروب

робочі дні

روزهای کاری

кінець робочого тижня

آخر هفته

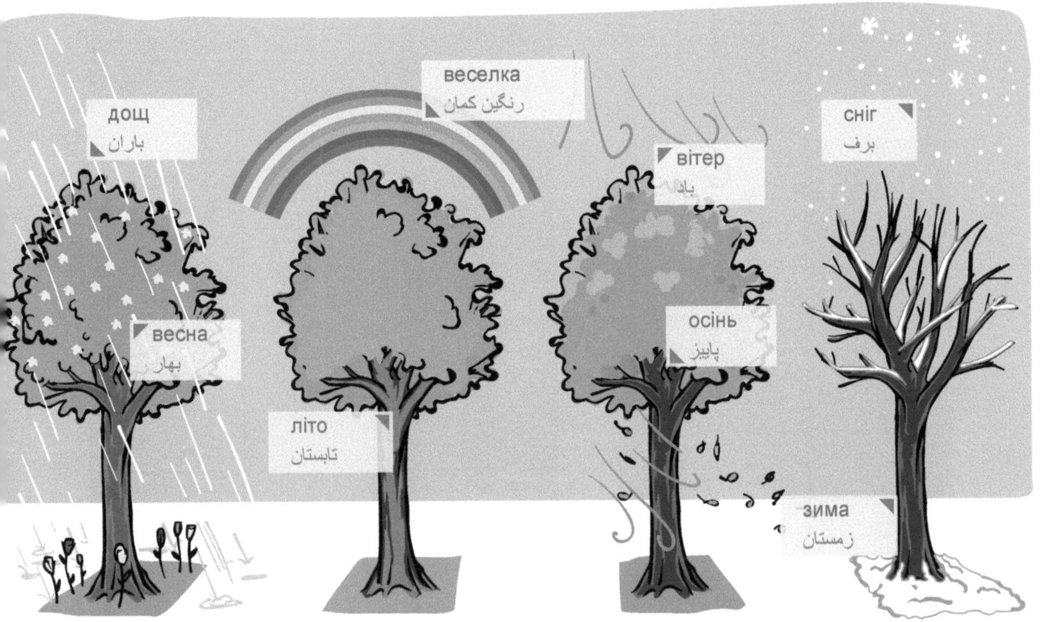

дощ
باران
веселка
رنگین کمان
вітер
باد
сніг
برف
весна
بهار
літо
تابستان
осінь
پاییز
зима
زمستان

4.APRIL 11°
5.APRIL 4°
6.APRIL 13°
7.APRIL 8°
8.APRIL 10°

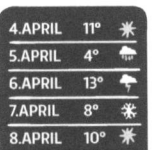

прогноз погоди
پیش‌بینی اوضاع جوی

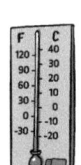

F C
120 40
90 30
60 20
30 10
0 0
-30 -10
-20

термометр
دماسنج

сонячне світло
تابش آفتاب

хмара
ابر

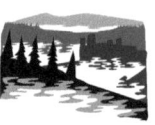

туман
مِه

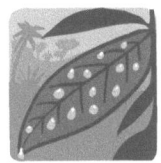

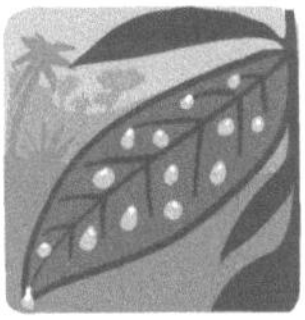

вологість повітря
رطوبت هوا

блискавка
....
صاعقه

грім
....
آسمان غره

шторм
....
طوفان

град
....
تگرگ

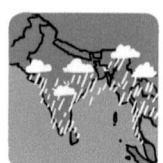

мусон
....
باد موسمی

повінь
....
سیل

лід
....
يخ

Січень
....
ژانویه

Лютий
....
فوریه

Березень
....
مارس

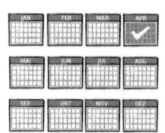

Квітень
....
آوریل

Травень
....
مه

Червень
....
ژوئن

Липень
....
ژوئیه

Серпень
....
آگوست

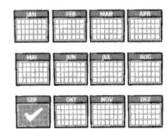

Вересень

سپتامبر

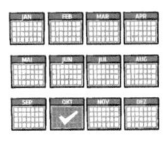

Жовтень

اکتبر

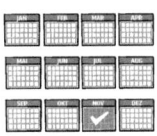

Листопад

نوامبر

Грудень

دسامبر

форми

أشكال

круг

دايره

квадрат

مربع

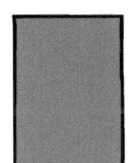

прямокутник

مستطيل

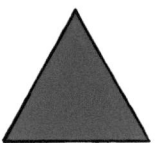

трикутник

سه گوش

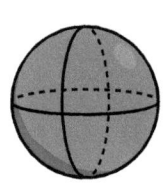

куля

گره

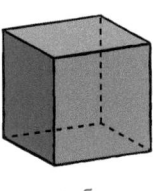

куб

مكعب مربع

білий

سفید

жовтий

زرد

помаранчевий

نارنجی

рожевий

صورتی

червоний

قرمز

фіолетовий

بنفش

синій

آبی

зелений

سبز

коричневий

قهوه ای

сірий

خاکستری

чорний

سیاه

багато / мало

خیلی / کم

лютий / мирний

خشمگین / آرام

гарний / бридкий

زیبا / زشت

початок / кінець

شروع / پایان

великий / малий

بزرگ / کوچک

світлий / темний

روشن / تیره

брат / сестра

برادر / خواهر

чистий / брудний

تمیز / آلوده

завершений /
незавершений

کامل / ناقص

день / ніч

روز / شب

мертвий / живий

مرده / زنده

широкий / вузький

پهن / باریک

їстівний / неїстівний

قابل خوردن / غیر قابل خوردن

злий / дружній

غضبناک / مهربان

збуджений / нудьгуючий

هیجان زده / بی حوصله

товстий / тонкий

چاق / لاغر

спочатку / востаннє

اولین / آخرین

друг / ворог

دوست / دشمن

повний / порожній

پر / خالی

жорсткий / м'який

سفت / نرم

важкий / легкий

سنگین / سبک

голод / спрага

گرسنگی / تشنگی

хворий / здоровий

مریض / سالم

незаконний / законний

غیرقانونی / قانونی

розумний / дурний

باهوش / خنگ

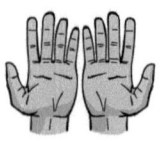

вліво / вправо

چپ / راست

поруч / далеко

نزدیک / دور

новий / використаний

نو / استفاده شده

нічого / щось

هیچ چیز / چیزی

старий / молодий

پیر / جوان

вкл / викл

روشن / خاموش

відкрито / закрито

باز / بسته

тихо / гучно

أهسته / بلند

багатий / бідний

ثروتمند / فقیر

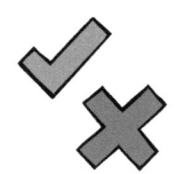

правильно / неправильно

درست / غلط

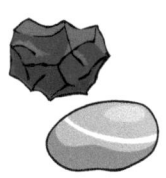

шорсткий / гладкий

زبر / صاف

сумний / щасливий

غمگین / خوشحال

короткий / довгий

کوتاه / بلند

повільно / швидко

کند / تند

вологий / сухий

تَر / خشک

гарячий / холодний

گرم / خنک

війна / мир

جنگ / صلح

0

нуль

صفر

1

один

یک

2

два

دو

3

три

سه

4

чотири

چهار

5

п'ять

پنج

6

шість

شش

7

сім

هفت

8

вісім

هشت

9

дев'ять

نه

10

десять

دَه

11

одинадцять

یازده

12

дванадцять

دوازده

13

тринадцять

سیزده

14

чотирнадцять

چهارده

15

п'ятнадцять

پانزده

16

шістнадцять

شانزده

17

сімнадцять

هفده

18

вісімнадцять

هجده

19

дев'ятнадцять

نوزده

20

двадцять

بیست

100

сто

صد

1.000

тисяча

هزار

1.000.000

мільйон

میلیون

числа - اعداد

англійська

انگلیسی

американська англійська

انگلیسی آمریکایی

китайська
високочиновницька

چینی ماندارین

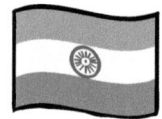

хінді

هندی

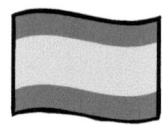

іспанська

اسپانیایی

французька

فرانسوی

арабська

عربی

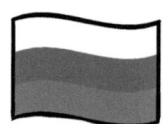

російська

روسی

португальська

پرتغالی

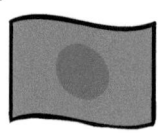

бенгальська

بنگالی

німецька

آلمانی

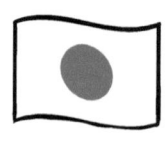

японська

ژاپنی

я

من

ти

تو

він / вона / воно

او

ми

ما

ви

شما

вони

آنها

хто?

چه کسی؟ کی؟

що?

چی؟

як?

چگونه؟

де?

کجا؟

коли?

کی؟

ім'я

نام

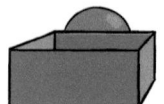

ззаду

پشت

в

توی

перед

جلو

над

بالای

на

روی

під

زیر

біля

مجاور

між

بین

місце

مکان